D1278188

Adivina quién
cambia

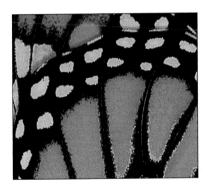

Sharon Gordon

mc Marshall Cavendish
Benchmark
Nueva York

¡Aquí estoy!

Mi madre me dejó en esta hoja.

Estoy dentro de este huevo diminuto.

Estoy lista para romper la cáscara.

El huevo se abre y salgo arrastrándome.

Es fácil hacerlo con
16 patas.

Ahora soy una oruga.

¡Tengo tanta hambre!

Como y como y como.

Ahora no quepo en mi piel anterior.

Se parte y hay una nueva piel dentro.

Sigo comiendo y creciendo.

Mi piel anterior se cae una y otra vez.

Un día me arrastro
debajo de una hoja.

Me quito la piel por
última vez.

Una capa dura crece a mi alrededor.

Ahora soy una *crisálida*.

Dentro, estoy cambiando.

Me están creciendo
cuatro alas.

Mi capa dura se parte.

¡Mira cuánto he cambiado!

Extiendo mis alas de colores.

Estoy lista para volar.

¿Quién soy?

¡Soy una mariposa!

¿Quién soy?

oruga

huevo

crisálida

28

piel   **alas**

Palabra avanzada

crisálida
Una oruga que se cubre de una capa dura por fuera.

Índice

Las páginas indicadas con números en **negrita** tienen ilustraciones.

Datos biográficos de la autora

Sharon Gordon ha escrito muchos libros para niños. También ha trabajado como editora. Sharon y su esposo Bruce tienen tres niños, Douglas, Katie y Laura, y una perra consentida, Samantha. Viven en Midland Park, Nueva Jersey.

Agradecemos a las asesoras de lectura Nanci Vargus, Dra. en Ed., y Beth Walker Gambro.

Marshall Cavendish Benchmark
99 White Plains Road
Tarrytown, New York 10591-9001
www.marshallcavendish.us

Library of Congress Cataloging-in-Publication Data

Gordon, Sharon.
[Guess who changes. Spanish]
Adivina quién cambia / Sharon Gordon. – Ed. en español.
p. cm. – (Bookworms. Adivina quién)
ISBN-13: 978-0-7614-2380-5 (edición en español)
ISBN-10: 0-7614-2380-X (edición en español)
ISBN-10: 0-7614-1558-0 (English edition)
1. Butterflies–Juvenile literature. I. Title. II. Series: Gordon, Sharon. Bookworms. Adivina quién.

QL544.2.G6718 2006
595.78'9–dc22
2006015787

Traducción y composición gráfica en español de Victory Productions, Inc.
www.victoryprd.com

Investigación fotográfica de Anne Burns Images

Fotografía de la cubierta de *Visuals Unlimited*/Rick y Nora Bowers

Los permisos de las fotografías utilizadas en este libro son cortesía de: *Visuals Unlimited*: pp. 1, 25, 29 (derecha) Rick and Nora Bowers; pp. 7, 17, 29 (izquierda) Dick Poe; pp. 9, 28 (arriba a la izquierda) Wally Eberhart; p. 11 Bill Beatty; p. 15 John Gerlock; pp. 19, 27, 28 (abajo) Bob Wilson; p. 21 Gary Meszaros; p. 23 D. Cavagnaro. *Corbis*: p. 3 Jim Sugar Photography; pp. 5, 28 (arriba a la derecha) George Lepp. *Animals, Animals*: p. 13 Patti Murray.

Diseño de la serie de Becky Terhune

Impreso en Malasia
1   3   5   6   4   2